AF370298

SOCIÉTÉ UNIVERSELLE DES SOURDS-MUETS
Fondée en 1838 et réorganisée en 1867

COMPTE RENDU

DU

BANQUET DU 28 NOVEMBRE 1886

A L'OCCASION DU 174ᴱ ANNIVERSAIRE

DE LA NAISSANCE DE L'ABBÉ DE L'ÉPÉE

(Éloge de Ferdinand Berthier.)

PARIS

GEORGES CARRÉ, ÉDITEUR

112, BOULEVARD SAINT-GERMAIN

1887

SOCIÉTÉ UNIVERSELLE DES SOURDS-MUETS

Fondée en 1838 et réorganisée en 1867

COMPTE RENDU

DU

BANQUET DU 28 NOVEMBRE 1886

A L'OCCASION DU 174^E ANNIVERSAIRE

DE LA NAISSANCE DE L'ABBÉ DE L'ÉPÉE

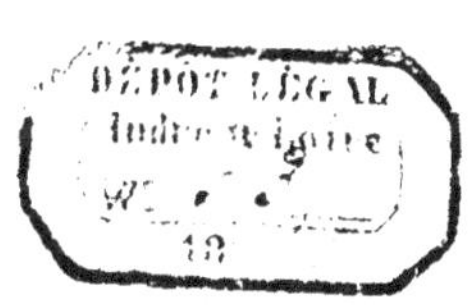

PARIS

GEORGES CARRÉ, ÉDITEUR

112, BOULEVARD SAINT-GERMAIN

1887

Ferdinand **BERTHIER**

SOURD-MUET

Né à Louhans (Saône-et-Loire), le 1er octobre 1803
Décédé à Paris, le 12 juillet 1886
Ancien professeur à l'Institution nationale des sourds-muets
Membre de la Société des gens de lettres
et de la Société des Études historiques
Fondateur de la Société universelle des sourds-muets
Chevalier de la Légion d'honneur

COMPTE RENDU [1]

DU

BANQUET DU 28 NOVEMBRE 1886

A L'OCCASION DU 174ᵉ ANNIVERSAIRE

DE LA NAISSANCE DE L'ABBÉ DE L'ÉPÉE

Éloge de Ferd. BERTHIER

Dimanche 28 novembre dernier, la Société universelle des sourds-muets, fondée en 1838, a célébré le 174ᵉ anniversaire de la naissance de l'abbé de l'Epée. Le matin, une messe a réuni en l'église Saint-Roch les admirateurs du grand philanthrope. Le soir, un banquet les a groupés de nouveau dans l'une des salles du restaurant Vauthier, avenue de Clichy.

Le président de l'œuvre manquait à cette fête qu'il avait établie lui-même en 1834. M. Ferdinand Berthier est mort cette année, et le vide qu'il laisse n'est pas encore comblé; à sa place, on remarque MM. Chambellan et Théobald, vice-présidents.

La présidence d'honneur du banquet avait été offerte à M. Corbon, sénateur, qui avait bien voulu l'accepter, mais qui s'était trouvé dans l'impossibilité d'y assister.

MM. Javal, directeur de l'Institution nationale des sourds-muets; Dubranle, censeur des études; l'abbé Goislot, aumônier; Félix Martin, le sympathique statuaire, s'étaient fait excuser.

Dans l'assistance, on remarquait MM. Théophile Denis, de la Société des gens de lettres; Gustave Duvert, ancien président de la Société des Etudes historiques, venus tous deux pour rendre hommage à la mémoire de leur collègue Ferdinand Berthier; le docteur Rattel, médecin-adjoint de l'Institution nationale; Bélanger et Arnaud, professeurs, tous entendants et parlants.

(1) D'après le *Petit Journal*, le *Rappel*, le *Petit Moniteur*, le *Soleil*, le *Radical*, etc.

Parmi les nombreux sourds-muets, on remarquait, outre
ceux que nous avons déjà nommés, MM. Benjamin Dubois,
instituteur libre, secrétaire perpétuel de la Société ; Genis,
trésorier ; Dusuzeau et de Tessières, professeurs ; Chomat,
ancien surveillant général, Alavoine, âgé de 84 ans, lauréat
en 1823 de l'exposition universelle ; Hennequin qui, en 1854,
fit revivre parmi les sourds-muets l'art de la sculpture négligé
depuis Deseine ; Paul Choppin et Desperriers, statuaires ;
Bezault, Hirsch, artistes peintres ; Eymard, Avocat, Langlois,
Besson, Omnès, bijoutiers-horlogers, et bien d'autres encore,
qu'il ne nous est pas possible de nommer et qui occupent
dans les arts et l'industrie une place distinguée.

Au dessert, le président du banquet, M. Auguste Colas,
artiste dessinateur, ouvre la série des discours par un hommage
à l'abbé de l'Epée. Il s'exprime en ces termes :

Messieurs et chers Collègues,

Appelé par la sympathie et l'amitié au périlleux honneur de présider ce
magnifique banquet, je vous avoue franchement que c'est avec émotion
que je prends la parole devant une réunion composée de tant d'hommes
de talent qui, à des titres divers, méritaient mieux que moi cette distinc-
tion et cette marque de haute confiance.

Messieurs et chers Collègues, vous le savez, la réunion annuelle des
sourds-muets a été instituée dans le but de rendre hommage à la mémoire
vénérée de celui qui fut notre père, de cet humble prêtre qui nous consa-
cra sa fortune et sa vie, de cet homme dévoué et désintéressé qui fut
durant toute son existence l'homme de l'abnégation, l'homme de toutes
les vertus !

C'est à l'abbé de l'Épée que nous devons d'être élevés à la hauteur des
parlants : C'est grâce à lui que nous sommes à même d'arriver comme
ces derniers aux emplois et aux positions qui, pendant des siècles, furent
l'apanage exclusif de ceux auxquels Dieu avait donné l'usage de la parole ;
car, vous ne l'ignorez pas, nous étions avant lui considérés comme des
incurables, comme des inutiles à charge à la société. L'abbé de l'Épée
est venu, son cœur s'est ému à la vue de nos souffrances ; il a entrepris
pour nous de lutter contre l'ingratitude de la nature ; il nous a initiés au
plein exercice de nos droits de chrétiens, d'hommes et de citoyens.

Les barrières se sont abaissées devant nous, les carrières se sont ou-
vertes pour nous, nous sommes devenus véritablement des hommes !

Que la mémoire de ce père vénéré nous reste chère, que le nom de
l'abbé de l'Épée soit pour nous un drapeau autour duquel nous vivrons
tous unis, la main dans la main, persévérant dans la voie qui nous a été
tracée par nos aînés, travaillant tous à fonder une Société destinée à en-
courager le travail et le mérite de ceux d'entre nous qui souvent, faute

de fortune, voient leur talent rester inconnu et leurs labeurs rester sans récompense! Unissons-nous, l'union fait les grandes nations, elle fait la forte société : elle nous rendra plus confiants dans l'avenir, plus sûrs du lendemain ; elle nous permettra de faciliter la tâche de la génération qui nous suivra!

Messieurs et chers amis, en terminant, qu'il me soit permis de vous remercier de l'honneur que vous m'avez fait en me nommant votre président ; je garderai cette preuve de votre estime et de votre sympathie comme un précieux souvenir.

Je remercie tous ces messieurs, les membres des diverses sociétés savantes qui ont bien voulu honorer de leur présence notre banquet, et ceux de cette vaillante presse parisienne, qui met toujours si spontanément sa plume au service des nobles causes et des grands souvenirs.

Qu'il nous soit permis aussi de féliciter notre jeune ami Choppin dont le talent naissant nous fait envisager pour l'avenir une gloire de plus dans le monde des artistes sourds-muets.

Messieurs, je vous propose de vous joindre à moi pour porter un toast à la mémoire de notre bienfaiteur, de notre père ! ... à l'abbé de l'Épée !

De chaleureux applaudissements répondent à ces paroles et, pendant un bon moment, c'est un bruit continu de verres de champagne qui s'entre-choquent.

Le silence s'étant rétabli, M. Théophile Denis, délégué de la Société des gens de lettres, prononce un discours que M. Théobald traduit par signes avec sa clarté et son éloquence habituelles.

Ce remarquable discours, qui figurera en première ligne dans les annales des sourds-muets est interrompu à plusieurs reprises par des applaudissements venus de tous les points de l'immense salle.

La grande ombre de l'abbé de l'Epée, dont le buste coulé en bronze en 1836, occupait la place d'honneur, dut tressaillir d'aise en entendant le superbe éloge qui était fait de l'un de ses élèves.

Voici le discours de M. Théophile Denis (1) :

MESSIEURS,

Vous êtes réunis pour célébrer, suivant une pieuse tradition, l'anniversaire de la naissance de l'illustre abbé de l'Épée. Jamais fête commémorative ne fut motivée par de plus puissantes raisons : en vous rappelant l'heure bénie de l'apparition de celui que vous avez si justement nommé votre « père spirituel », elle reporte en même temps votre souvenir **au** moment précis où commençait l'ère de votre rédemption intellectuelle.

(1) D'après la *Revue française*.

En effet, le jour où Dieu faisait naître Michel de l'Épée, il décrétait au même instant la fin de cet esclavage inique, que subissaient de temps immémorial l'âme et l'esprit du sourd-muet; ce jour-là, il marquait au front le *Messie* chargé de vous apporter la *liberté* de la pensée, l'*égalité* sociale et la *fraternité* universelle, — avançant ainsi pour vous l'éclosion prochaine d'une grande devise humanitaire.

Cette fête est donc, par excellence, la fête de la reconnaissance. L'allégresse y domine, elle déborde de vos cœurs, elle éclaire de gais rayons vos physionomies si parlantes, vous saluez en quelque sorte la date de votre propre naissance !

Me pardonnerez-vous, au milieu de cette expansion si vivante de votre joie, de vous convier à la troublante évocation d'un mort ? J'hésite d'autant moins à le croire, que je n'ai pas tardé, en entrant ici, à me convaincre que celui dont je désire vous entretenir est toujours vivant parmi vous. Il vous aimait trop pour manquer à ce rendez-vous; vous l'aimiez trop vous-mêmes pour ne pas le sentir à ce moment à vos côtés; vous le voyez, vous l'interrogez, il vous écoute, il est heureux de votre bonheur, il vous encourage de son doux et paternel sourire..... Et d'ailleurs, messieurs, parler de Ferdinand Berthier, dans cette fête consacrée au Maître, n'est-ce pas glorifier l'abbé de l'Épée dans un des plus admirables prodiges de son œuvre ?...

De l'homme privé, du professeur, du philanthrope, de l'apôtre, je ne dirai rien, car je ne vous apprendrais rien, à vous qui connaissez bien mieux que moi son existence exemplaire, toute pleine de labeur, de dévouement, d'enthousiastes et généreux élans.

Membre du Comité de la Société des gens de lettres, je vous parlerai de mon confrère, de l'homme de lettres. J'ajoute que, c'est au nom et par une délégation spéciale de mes collègues, qui tenaient Berthier en la plus haute estime, que j'apporte à la mémoire vénérée de votre ancien Président, fondateur de la Société universelle des sourds-muets, le tribut de regrets, qui n'a pu être déposé sur sa tombe, en raison de l'éloignement du lieu d'inhumation.

C'est en novembre 1849, deux mois après sa nomination dans la Légion d'honneur, que Berthier fut accueilli dans la Société des gens de lettres.

Un trait bien caractéristique marque les formalités statutaires de son admission. Obligé de présenter une demande, portant l'indication des œuvres qui la pouvaient justifier, ne croyez pas qu'il y énumère complaisamment ses titres littéraires : non, s'il brigue l'honneur d'entrer dans cette célèbre association, « cette faveur, écrit-il au président, Louis Desnoyers, lui sera d'autant plus précieuse, qu'elle ne fera qu'élargir, à ses yeux, l'humble position dans laquelle il s'efforce d'être le plus utile qu'il le peut à la classe nombreuse de ses infortunés frères. »

Il ne poursuivait pas, vous le voyez, une satisfaction d'amour-propre ; le dévouement, voilà le vrai mobile de sa démarche.

Cette demande fut envoyée revêtue des apostilles réglementaires de deux parrains. Si le candidat les a jamais lues, sa modestie a dû en être soumise à une rude épreuve. Les parrains étaient MM. de Monglave et Achille Jubinal. Le premier écrivit : « Je recommande chaudement à nos collègues de la Société des gens de lettres mon vieil ami Ferdinand Berthier, un des hommes les plus instruits et les plus littéraires que je connaisse. »

Et M. Jubinal ajoutait : « Je pense comme notre confrère M. de Monglave et c'est avec un grand plaisir que je verrais M. Berthier, dont tous les travaux sont une gloire pour l'humanité, entrer dans la Société des gens de lettres. »

Le rapporteur de la candidature de Berthier fut un fin et spirituel lettré, Frédéric Thomas, qui, bien que doué de l'âme la plus généreuse, se tint résolument en garde contre les conseils du cœur. Pour lui, plus absolu qu'on ne l'est à l'Académie française, il fallait être avant tout homme de lettres, pour forcer les portes de la Société des gens de lettres.

« Messieurs, dit-il à ses collègues du Comité, M. Ferdinand Berthier est fort connu comme philanthrope et comme sourd-muet ; mais ce n'est à aucun de ces titres que vous pouvez le recevoir. Il faut donc chercher dans ses travaux littéraires le droit qu'il peut avoir à l'honneur qu'il sollicite. »

Ce droit, l'excellent et farouche rapporteur le découvrit sans peine, et, loyalement, de la meilleure grâce du monde, il attesta que Berthier était un véritable homme de lettres. Le Comité fut de son avis.

Et je puis vous dire que la Société tout entière, et en tout temps, ratifia ce vote.

Il m'a été donné, depuis, d'assister au touchant spectacle des vives sympathies, dont Berthier était l'objet de la part de tous ses confrères. Il ne manquait jamais de venir au milieu d'eux dans les assemblées générales. Pardon ! il nous fit défaut une fois, en 1862, et vous étiez, Messieurs, la cause de cette infidélité. En effet, dans son billet d'excuse, il nous informait qu'il était retenu par une réunion de la Société universelle. Vous étiez ses préférés, c'est tout naturel ; mais sachez bien qu'il vous fit, ce jour-là, le sacrifice d'une de ses meilleures joies.

Je le vois encore arriver parmi nous, se glissant modestement dans la foule, et cherchant d'abord d'un regard timide quelque siège à l'écart. Il ne demeurait pas longtemps dans cet isolement. Découvert presque aussitôt, il était entouré de bons camarades empressés à lui souhaiter la bienvenue, à lui serrer affectueusement les mains, à engager avec lui la conversation, qu'il soutenait avec un charme aimable et toujours son doux sourire aux lèvres. Et, de part et d'autre, c'était un échange animé de phrases lestement écrites, le plus souvent saisies avant leur achèvement et même arrêtées au premier mot. Car, si Berthier lisait admirablement sur la physionomie d'autrui, ses traits expressifs devenaient un livre tout grand ouvert pour ses interlocuteurs. Quelle joie il se sentait au cœur en se retrouvant dans ce milieu où il se savait apprécié, aimé et respecté ! C'est assurément en souvenir des bonnes heures passées parmi nous qu'il nous a compris dans la distribution de ses libéralités d'outre-tombe (1).

A l'époque de son entrée dans la Société des gens de lettres, Berthier était surtout connu par les éloquents mémoires que, depuis 1840, il ne cessait d'adresser au Parlement, pour provoquer, dans la législation civile et criminelle applicable aux sourds-muets, des améliorations « réclamées, disait-il, avec une légitime fierté, par la dignité de l'intelligence, d'accord avec la justice et l'humanité ».

Nul n'avait plus de titres que lui à la défense de cette cause. Par l'éten-

(1) Berthier a légué, avec le consentement de ses héritiers, une somme de 2,000 francs à la Société des Gens de Lettres.

due de son savoir, par son maniement raffiné de notre langue, par la couleur chaude et sincère de son style, par la tournure délicate de son esprit, n'offrait-il pas l'irrécusable témoignage de la sagesse de ses revendications? Que dis-je? Berthier, dans une telle cause, c'était l'argument vivant, irrésistible. Sa supériorité était incontestable, et il était l'avocat de la simple égalité!

Le bagage de Berthier, comme homme de lettres, comprenait encore, avant 1849, trois ouvrages d'un mérite réel : *Histoire et statistique de l'éducation des sourds-muets;* — *Notice sur la vie et les ouvrages d'Auguste Bébian;* — *Les sourds-muets avant et depuis l'abbé de l'Épée,* ce dernier travail couronné par la Société des sciences morales, lettres et arts de Seine-et-Oise.

Après avoir cité sa *Réfutation de l'opinion du docteur Itard sur les facultés intellectuelles et morales des sourds-muets* et ses *Observations sur la mimique,* nous arrivons à son œuvre la plus importante, *L'Abbé de l'Épée,* qu'il regardait, en s'excusant d'oser le dire, comme son titre de gloire. « Qui de nous n'excuse cet honnête et vaillant écrivain d'avoir exprimé ce sentiment de prédilection pour son beau livre, durable et précieux monument élevé par l'amour filial le plus pur et le plus ardent, à la mémoire d'un père éternellement adorable? Ce mot de gloire dans l'esprit de Berthier, allait certainement plutôt à l'adresse du héros, qu'à celle de l'auteur. Pour lui, — le disciple — sa gloire était d'avoir pu graver son nom au-dessous du nom radieux du Maître!

En 1868, Berthier publiait le *Code Napoléon, mis à la portée des sourds-muets.* C'est une œuvre de patient labeur où, parmi les claires traductions du langage juridique, abondent les faits et les exemples qui achèvent de familiariser les esprits avec les aridités du Droit. C'est dans ce livre, peut-on dire, que notre cher auteur révèle au plus haut degré sa passion d'être utile à ses frères.

Enfin, en 1873, Berthier mettait au jour, après de laborieuses recherches, sa *Notice sur l'abbé Sicard,* digne pendant de son histoire de l'abbé de l'Epée

Tous ces travaux du sourd-muet lettré se distinguent par une forme d'une irréprochable correction, d'une surprenante harmonie et d'une justesse d'expression non moins remarquable. Vous y admirez tour à tour l'élégance et la force, la mesure et la chaleur, l'esprit et le sentiment. A chaque page, dans le fond comme dans l'enveloppe, vous trouvez une franche honnêteté et une impeccable conscience.

Je vous le disais en commençant, Messieurs : parler en ce moment de Berthier, c'est proclamer la gloire de l'abbé de l'Épée. Si j'ai réussi dans la tâche de vous le démontrer, ce sera mon excuse d'avoir retenu si longtemps votre attention sur une des plus pures illustrations de votre famille.

Cette excuse, ne la trouverais-je pas encore, s'il en était besoin, dans cet émouvant souvenir d'un événement qui lie si étroitement les mémoires de Michel de l'Épée et de Ferdinand Berthier, et par lequel vous me saurez gré de terminer cette étude? N'est-ce pas Berthier, Messieurs, qui, obéissant aux inspirations de l'amour filial le plus ardent, s'était juré de ne point quitter cette terre sans avoir retrouvé la dépouille mortelle du maître sur laquelle le temps et de lugubres circonstances avaient répandu la nuit la plus épaisse?

N'est-ce pas lui qui, béni dans cette œuvre vraiment patriotique, et parvenant à soulever les dalles de Saint-Roch, vous a rendu les cendres, un jour odieusement profanées, de celui qui avait « bien mérité de la Patrie et de l'Humanité »?

N'est-ce pas lui, enfin, qui, sur ces restes vénérés, a édifié ce monument expiatoire devenu pour tous les sourds-muets de l'univers un but de pèlerinage, et au pied duquel vous conduisaient, ce matin même, les élans de votre inaltérable reconnaissance?

Oui, Messieurs, confondre aujourd'hui dans le même *vivat* les noms de DE L'ÉPÉE et de BERTHIER, croyez-moi, c'est réjouir l'âme de votre « Père! »

M. Chambellan, vice-président de la Société et ancien professeur à l'Institution nationale, paye aussi son tribut d'hommages à la mémoire des instituteurs français, qui ont le mieux saisi l'esprit de la méthode de l'abbé de l'Epée et, avec autant d'abnégation que de dévouement, ont plaidé la cause des sourd-muets; il met ensuite en relief le rôle bienfaisant de la Société Universelle qui a pour but de diriger les jeunes dans le chemin du devoir et de l'honneur et d'entretenir des relations amicales avec tous, où qu'ils soient.

M. Dusuzeau sourd-muet, bachelier ès sciences, officier d'académie et professeur à l'Institution nationale, adresse, dans une éloquente improvisation, un adieu suprême à son maître bien-aimé, Ferdinand Berthier, dont la place reste vide.

Messieurs et chers frères, dit-il,

Vous venez d'entendre l'éloge que M. Théophile Denis a fait de mon cher ancien maître, M. Berthier. Tout le bien qu'il a dit de lui me touche profondément, et je l'en remercie de tout mon cœur.

Oui, Monsieur, vous avez eu raison de dire que M. Berthier fut l'un des meilleurs professeurs de l'Institution nationale de Paris. Son enseignement, basé sur l'écriture avec les signes comme accessoires, était d'une admirable clarté. Il portait la lumière dans l'esprit de ses élèves, et c'est par lui qu'un grand nombre de mes camarades et moi nous avons eu le bonheur de devenir des hommes utiles, de compter pour quelque chose dans notre cher pays et d'y vivre par la pensée et par le cœur.

Aujourd'hui, Messieurs et chers frères, la fête n'est pas complète, car il y a un absent! Nous voyions à la place d'honneur un respectable vieillard aux cheveux blancs, à la figure souriante... il regardait chacun de nous d'un air rempli de bonté et de tendresse... C'était le regard du père de famille sur ses enfants ; hélas! M. Berthier n'est plus! Mais nos cœurs n'ont pas cessé de le voir... Du haut du ciel, il prie pour ses frères d'infortune, il veille sur eux.

O maître aimé et vénéré, je vous adresse ma profonde reconnaissance et mon impérissable souvenir!

M. Henri Genis communique à l'Assemblée une dépêche par laquelle les sourd-muets belges, réunis en un banquet à Liège, envoient un salut fraternel à leurs frères de Paris. De nombreuses acclamations y répondent.

M. Dubois apporte à la réunion la bonne nouvelle de la pose prochaine, non pas d'une plaque, mais de deux plaques commémoratives sur la maison nouvellement construite où s'élevait rue des Moulins 14, la maison de l'abbé de l'Épée, démolie, il y a dix ans pour percer l'avenue de l'Opéra. Cette nouvelle est accueillie par des applaudissements unanimes.

Enfin, M. Henri Gaillard, sourd-muet, lit un sonnet de sa composition à l'abbé de l'Épée, et M. Frossard invite l'assistance à prendre des dispositions pour célébrer dignement, en 1889, le centenaire de la mort de l'abbé de l'Épée.

Après force poignées de mains et promesses de se revoir l'année prochaine on se sépare et chacun s'en va enchanté de sa soirée.

LISTE GÉNÉRALE DES CONVIVES (1)

MM.

Alavoine, doyen des horlogers, lauréat à l'exposition universelle de 1823.
Andoin, dessinateur-lithographe.
* Arnaud, professeur à l'Institution nationale des sourds-muets.
Henri Avocat, horloger.
De la Barre du Parcq, propriétaire.
Beauchêne, cordonnier.
* Belanger, professeur à l'institution nationale des sourds-muets.
Besson, horloger.
Bertsch, typographe à l'imprimerie nationale.
Bezault, artiste peintre.
Bezelin, dessinateur en broderies.
Cauchon, menuisier.
† Chambellan ✿, professeur en retraite des institutions de Bordeaux et de Paris, vice-président de la Société.

MM.

Chatelain, compositeur typographe.
† Sébastien Chomat, surveillant générale en retraite de l'institution nationale.
Paul Choppin, statuaire.
† Auguste Colas, dessinateur lithographe.
* *Corbon* ✳, sénateur.
Courson, dessinateur.
Delivet, sculpteur.
* Théophile Denis, ✳ homme de lettres
René Desperriers, sculpteur.
Desportes, propriétaire.
Edouard Doublet, cartonnier.
Benjamin Dubois, professeur de sourds-muets instruits par la parole; secrétaire perpétuel de la Société.
* *Dubrunle* ✿, censeur des études à l'Institution nationale.

(1) Les noms en italique désignent ceux qui se sont fait excuser.
Les astérisques, les entendants-parlants.
Les croix, ceux qui ont occupé la présidence du banquet depuis la fondation.

MM.

* *Gabriel Joret Desclozières* ✳, avocat secrétaire général de la Société des Etudes Historiques.
Duchesne, rentier.
Dusuzeau ☷, professeur à l'institution nationale.
* Duvert ☷ I, ancien président de la Société des Etudes Historiques.
Endrès, employé aux ponts-et-chaussées.
Eymard, joaillier.
Gorges Ferry, artiste peintre.
Claudius Forestier, directeur de l'institution des sourds-muets de Lyon.
Fortin Emile, clerc de notaire.
Frossard, employé.
Gaillard, compositeur-typographe.
Garnon, graveur lithographe.
* Genis, propriétaire à Nanterre, trésorier de la Société.
L'abbé Goislot, aumônier de l'institution nationale des sourds-muets.
* Gosme père, propriétaire.
Henri Gosme, cultivateur.
Jules Gosme, cultivateur.
Hennecart, peintre sur verre.
Gustave Hennequin, sculpteur.
René Hirsch, graveur.
* *E. Javal* ☷, directeur de l'institution nationale des sourds-muets.
Joly, forgeron, à l'usine Farcot.
Emile Lacroix, dessinateur-chromiste.
Le comte de Laforest Divonne.
Henry Langlois, horloger.
Louis Laurent, typographe.
Lemaire, horloger.
† *Alphonse Lenoir*, professeur en retraite de l'Institution nationale des sourds-muets, vice-président honoraire de la Société.

MM.

Lesueur, marchand cordonnier.
Levassor, rentier.
Louis Lorin, élève à l'école des Beaux-Arts.
Marie, tourneur sur bois.
Félix Martin, ☷ statuaire.
Ernest Martin, artiste peintre.
Emile Mercier, de la maison Mercier d'Épernay.
Léon Mina, tourneur sur bois.
* Henri Morel ☷, publiciste.
Omnès, sertisseur.
Emile Rigaut, rentier.
* Le docteur Rattel, médecin-adjoint de l'Institution nationale.
H. Rôze, lithographe.
Salichon, sculpteur.
Scagliola, compositeur-typographe.
Seyler, peintre sur verre.
Seurot, imprimeur.
De Tessières ☷, professeur à l'Institution nationale.
† Théobald, ☷, professeur à l'Institution nationale, vice-président de la Société.
Jules Thouzé, propriétaire, cultivateur.
Gaston Vialatte, typographe à l'imprimerie nationale.
Jules Villain fils, peintre sur verre.

À LA MÉMOIRE DES MEMBRES DÉCÉDÉS DANS LE COURANT DE L'ANNÉE :

MM.
Ferdinand Berthier.
Félix Delisle, propriétaire à Valogne (Manche).

UN THÉATRE DE SOURDS-MUETS

Dimanche, 19 décembre dernier, a eu lieu sur un petit théâtre d'amateurs, rue de Turenne 23, une représentation donnée par des acteurs tous sourds-muets. Cette représentation avait lieu sous les auspices de la Société Universelle, qui saisit toutes les occasions qui se présentent de procurer à ses nombreux adhérents des distractions saines et agréables.

Malgré la neige qui, ce jour-là précisément, avait fait sa seconde apparition à Paris, la réunion a été des plus nombreuses et des mieux choisies. Des dames, des messieurs de tous âges étaient venus, même des points les plus éloignés de la capitale, apporter leurs encouragements aux jeunes acteurs.

Il va sans dire que la pantomime seule a été employée, devant un public composé pour les trois quarts de sourds-muets.

Le programme comportait deux pièces : l'*Affaire arlequin*, et *La mère Michel et son chat*.

Les acteurs qui se sont le plus distingués sont : MM. Varenne, Maugenest, Goupil, Bertsch, Delion, Maréchal.

Nos félicitations à ces jeunes gens qui ont consacré les heures de loisir que leur laissent les nécessités de la vie à apprendre chacun un rôle en vue de faire passer joyeusement une soirée d'hiver à leurs amis. Espérons qu'ils n'en resteront pas là et qu'à une prochaine représentation, ils nous donneront une pièce dans laquelle leurs dispositions se développeront davantage.

EXPOSITION UNIVERSELLE DE 1889

AVIS

Les sourds-muets étrangers, désireux de visiter l'Exposition universelle qui se tiendra à Paris, en 1889, pourront s'adresser à la Société Universelle qui se fera un plaisir de leur donner toutes les indications nécessaires, et, au besoin, de leur fournir des guides pour visiter les curiosités de la capitale.

Écrire à l'un des membres dont les noms suivent :

MM. Chambellan, vice-président de la Société, boulevard Sébastopol, 61.
    Théobald,   —   —   boulevard Edgar Quinet, 12.
    Dubois, secrétaire général, rue Dombasle, 25.
    Dusuzeau, professeur, à Nanterre, près Paris.

Les lettres, en quelque langue qu'elles soient, anglais, allemand, italien, espagnol, russe, flamand, chinois, japonais, etc., seront traduites, et réponse y sera faite.

Le siège de la Société Universelle est à la Mairie du 6ᵉ arrondissement, place Saint-Sulpice, à Paris.

491. — Tours, imp. Rouillé-Ladevèze, Deslis frères suc⁰ⁿ, 6. rue Gambetta.

www.ingramcontent.com/pod-product-compliance
Lightning Source LLC
LaVergne TN
LVHW010841180726
843502LV00009B/3693